7
Lk 858.

NOTICE SUR LA STATUE

ÉRIGÉE A

GASPARD MONGE.

EN VENTE

A la Librairie **BATAULT-MOROT**, place d'Armes,

Hôtel de Meursault, 20,

A BEAUNE.

BIBLIOTHÈQUE POPULAIRE DES VILLES DE BOURGOGNE.

BEAUNE,
HISTOIRE ET TABLEAU,

Par Joseph BARD.

Un joli petit volume, grand in-18, orné de quatre dessins.

DIJON,
HISTOIRE ET TABLEAU.

Un fort volume in-12.

Les villes d'Auxonne et de Bourg-en-Bresse, augmenteront incessamment cette collection déjà composée des ouvrages parus sur Nuits, Chagny, Chalon-sur-Saône, Beaune, Dijon, Mâcon, Autun.

NOTICE

SUR LA STATUE PÉDESTRE

ÉRIGÉE A

GASPARD MONGE

DANS LA VILLE DE BEAUNE,

Par **Joseph BARD**,

De l'Académie de Dijon,
Secrétaire de la Commission communale des Beaux-Arts
de la ville de Beaune.

PARIS,

GARNIER FRÈRES, libraires, | ALLOUARD et KOEPPLIN,
Palais-National, 215. | Libr.-commiss^{res}.

A BEAUNE,

CHEZ BATAULT-MOROT, ÉDITEUR-LIBRAIRE,
Place d'Armes.

M D CCC XLIX.

AV · GENERAL · DE · DIVISION
MAREY · MONGE

L'ESPRIT · CREATEVR · DE · VOTRE · AIEVL
FVT · IMMENSE
SON · PATRIOTISME · EMINENT
SA · BIENVEILLANCE · SON · ACCESSIBILITE
POVR · TOVS
NE · SE · SONT · IAMAIS · DEMENTIES
IL · FVT · ORGANISATEVR · ET · CONCILIATEVR
A · VOVS · AINE · DE · LA · FAMILLE
ISSVE · DE · CE · GRAND · CITOYEN
SON · NOM · IMPOSE · DES · DEVOIRS
QVE · VOVS · AVEZ · COMPRIS
ET · SAVREZ · TOVIOVRS · REMPLIR

M · D · CCC · XLIX

NOTICE SUR LA STATUE

ÉRIGÉE A

GASPARD MONGE

DANS LA VILLE DE BEAUNE.

Ce petit travail n'a d'autre but que de constater historiquement l'érection d'une statue à Gaspard Monge, sur le sol privilégié qui porta son berceau, et de décrire, au point de vue de l'art moral et plastique, le monument consacré à cette gloire de la ville de Beaune.

A propos de cette apothéose que saluent tant de sympathies, je me bornerai à effleurer l'existence de Gaspard Monge, si pleine, si ferme, si recueillie dans les labeurs de la pensée, et d'ailleurs si connue de tous, si modeste au dedans et au dehors. — Le sculpteur n'a représenté que le savant; l'écrivain parlera seulement de l'homme de science. — Devant soigneusement éviter tout ce qui tendrait à réveiller l'antagonisme des partis sur le champ neutre de l'ovation à une grande mémoire intellectuelle, je laisserai dans des régions étrangères à mon œuvre la vie politique de Monge.

L'homme d'Etat, le ministre, le président du Sénat-Conservateur vont disparaître : nous ne contemplerons que le créateur de la géométrie descriptive et le fondateur de l'Ecole nationale polytechnique.

Gaspard Monge naquit à Beaune, le 10 mai 1746, dans une maison de la rue *Couverte*, devenue à la suite des évènements de juillet 1830, rue Monge. Sur cette maison, aujourd'hui possédée par M. Clerget-Vinceneux, est l'inscription suivante :

DANS . CETTE . MAISON . EST . NE . GASPARD . MONGE
LE . X . MAI . M . D . CC . XLVI
MORT . A . PARIS
LE . XXVI . IVILLET . M . D . CCC . XVIII

Il était l'aîné de trois frères. Son père, homme d'un très-grand sens, dont Gaspard Monge ne parla jamais sans effusion, malgré les limites étroites de son horizon et la profession vulgaire qu'il exerçait avec honneur, n'épargna rien pour donner à ses fils une éducation distinguée. Les premières études de Gaspard commencèrent de bonne heure au collége de Beaune, alors régenté par les PP. de l'Oratoire; il en acheva le cours au collége de la Trinité, à Lyon. Ses succès furent si complets, sa vocation scientifique fut si marquée, qu'âgé de seize ans, on le chargea au grand collége lyonnais, de professer la physique qui, l'année précédente, lui avait été enseignée. A dix-neuf ans, il remplissait à l'Ecole royale du génie, à Mézières, les fonctions de répétiteur, d'abord, puis de professeur de mathématiques. Il ne tarda pas à cumuler la chaire de physique. La gloire de Monge date de son séjour à Mézières : il y fit plusieurs découvertes qui fixèrent l'attention de compagnies célèbres, et prit place parmi les savants de l'Europe.

La première révolution française trouva Monge professeur d'hydrographie au Louvre, membre de l'Académie royale des Sciences, et examinateur des élèves de la marine de l'Etat, place occupée avant lui par Bezout. Paris était sa résidence exclusive, et son nom devenu célèbre, retentissait dans les hautes régions gouvernementales où l'on avait besoin de recruter des auxiliaires parmi les savants. Libéral sincère, essentiellement ami de la civilisation et du progrès, il avait embrassé les idées révolutionnaires avec des sympathies calmes et un enthousiasme réfléchi; mais il n'exagérait ni le principe ni les conséquences. La loyauté de son cœur, la justesse de son esprit, la profondeur de ses études étaient connues; il fut appelé au ministère de la marine, lorsque les armées étrangères s'apprêtaient à fondre sur la capitale, pour y vomir les abus de l'ancien régime. Des armements considérables, une foule de réformes utiles, témoignent de sa sollicitude. Il s'attacha surtout à n'appeler autour de lui que des travailleurs de la pensée, persévérants et dévoués, et à ne confier les postes éminents dont il disposait qu'aux hommes les plus intelligents et les plus probes. Il sut conserver à la patrie beaucoup de jeunes officiers de marine, en les préservant par d'ingénieux moyens de l'orage révolutionnaire.

Quand douze cent mille défenseurs de la patrie furent appelés sous les drapeaux, Gaspard Monge mit les sciences au service du pays, et, secondé par plusieurs savants, ses amis, il concourut puissamment à convertir momentanément la France en un vaste arsenal, même au détriment de sa fortune modique que le ministère n'avait pas augmentée.

Monge fut le Bossuet des sciences mathématiques. La géométrie descriptive existait avant lui, comme l'oraison funèbre avant l'évêque de Meaux, comme la tragédie avant Corneille. Véritable créateur de cette science, il eut bientôt l'occasion de soulever le voile étendu sur son berceau, et d'en faire l'objet d'un enseignement public. L'Ecole normale qui vécut peu, s'ouvrit sur les ruines de l'ancienne instruction publique anéantie, et Monge y professa avec une rare distinction. — Il y a des esprits aveugles ou prévenus, qui s'imaginent qu'un mathématicien ne peut pas et ne doit pas être un homme de génie dans toute l'acception et la puissance du mot, comme le penseur, le poète, l'historien, l'orateur. C'est une grave erreur. Je comprends que la médiocrité dans les sciences mathématiques se concilie particulièrement avec les esprits étroits, froidement positifs, dénués d'imagination; mais, à l'homme qui invente une science inconnue avant lui, en trouve la théorie et la pratique, lui crée d'immenses rapports nouveaux, la féconde par le précepte et l'application, lui refusera-t-on la chaleur, l'inspiration et la verve?

L'impulsion scientifique était donnée. Gaspard Monge conçut à lui seul l'idée de l'École nationale polytechnique; il en fut le fondateur et l'organisateur. L'École polytechnique, c'est là le trône de Gaspard Monge. — Quand je compte cette pléiade d'hommes éminents dans les sciences physiques, mathématiques et naturelles, dans les armes, dans la législation, dans l'Etat, amis, collègues, disciples, auxiliaires de Monge, qui marquèrent les dernières années du XVIIIe siècle et lui survécurent, je ne peux m'empêcher de dire que l'époque révolutionnaire eut aussi son siècle de Louis XIV.

Deux ans après la fondation de l'Ecole polytechnique environ, en 1795, Monge avait eu occasion de connaître le général Bonaparte, alors disgracié et n'exerçant d'autre emploi que celui d'être attaché, sous Barras, au comité de la Convention chargé des opérations militaires. Il le revit à la fameuse journée du 13 vendémiaire qui fit la fortune de Bonaparte et mit dans ses mains le commandement de l'armée d'Italie. — Ces deux hommes supérieurs s'étaient compris. — « Il y a, — dit M. Jomard, dans un travail inédit que j'ai eu en communication, — entre Napoléon et Monge, plus de rapports qu'on ne penserait avoir dû en exister entre un savant et un conquérant, entre un géomètre et un personnage politique, entre le créateur de la géométrie descriptive et celui qui affecta, en Europe, la monarchie universelle. Qui a connu, j'entends qui a apprécié Monge complètement, hors du cercle de ses disciples, et de ceux qui leur ont succédé et ont étudié sa géométrie? Et même ces derniers ne connaissent guère de lui que ses méthodes et ses ouvrages. Deux hommes se sont rencontrés un jour; de cette rencontre est sorti un sentiment d'estime et d'affection réciproque, et, de là, des rapports qui ont influé à leur tour sur les affaires publiques, sur des évènements importants...... »

C'est à ces relations avec le général Bonaparte que Monge, qui se trouvait alors dans les environs de Milan, dut l'honneur d'être choisi avec Berthier, pour apporter au Gouvernement français le traité de Campo-Formio. Dès l'année 1796, il avait été chargé par le Directoire, de pourvoir à la réunion des objets d'art italiens cédés à la France ou conquis par ses armes. Il partageait cette mission avec Berthollet; celui-ci revint en France, Monge resta en Italie. Ces deux savants avaient été désignés pour examiner les travaux des commissaires occupés à recueillir les tableaux, les statues, les bas-reliefs.

Cependant, l'expédition guerrière et scientifique d'Egypte est décidée. Toute l'élite des savants français est associée à l'élite de nos héros. C'est une idée gigantesque, fabuleuse, qui va passer dans les évènements; elle fait palpiter toutes ces ames neuves et fortes qui se dévouent à tous les périls et à toutes les gloires, dans l'intérêt de la civilisation et du nom français. La pensée de l'expédition d'Orient ne vient ni de Napoléon, ni de Monge, ni même du Directoire exécutif; elle était le fruit des circonstances, des plaintes de la Porte-Ottomane, de vieux germes semés dans le cabinet français, et de sa haine légitime contre l'Angleterre. L'initiative de cette campagne fut long-temps un secret. Ce qu'il y a de certain, c'est qu'elle fut embrassée avec un enthousiasme incroyable par Monge et Berthollet. Les hommes de science comptaient dans leurs rangs les Monge et son inséparable ami Berthollet, les Jomard, les Dolomieu, les Geoffroy, les Parseval-Grandmaison, les Denon, les Fourrier, les Venture, les Lepère, les Say, les Costaz, etc.; les homme de guerre, les Bonaparte, les Kléber, les Desaix, les Caffarelli, les Gassendi, les Reynier, les Andréossy, les Belliard, les Dommartin, les Murat, les Lannes, les Davoust, les Savary, les Duroc, les Rapp, les Junot, les Marmont, etc.

J'ai sous les yeux une lettre inédite précieuse de Gaspard Monge, adressée au général Bonaparte; la voici textuellement :

ARMÉE D'ORIENT.

3º SUBDIVISION.

«Civita-Vecchia, le 6 prairial, an VI.

« Mon cher Général,

« Nous avons reçu aujourd'hui vos derniers ordres, et j'ai tout lieu de croire que demain, de grand matin, nous serons à la voile pour nous rendre au point que vous avez indiqué. Me voilà donc transformé en argonaute! C'est un des miracles de notre nouveau Jason, qui ne va pas fatiguer les mers pour la conquête d'une toison dont la matière ne pouvait pas beaucoup augmenter le prix; mais qui va porter le flambeau de la raison dans un pays où, depuis bien long-temps, sa lumière ne paraissait plus; qui va étendre le domaine de la philosophie, et porter plus loin la gloire nationale.

« Nous avons pris à Rome les mesures pour faire transporter le convoi des objets que nous y avons recueillis. Cette expédition se fera plus rapidement que celle de l'année passée, et il est possible que le convoi mette à la voile dans deux mois. Ne serait-il pas nécessaire, mon cher général, qu'à cette époque, une frégate ou deux escortassent les vaisseaux de transport, pour les défendre contre les corsaires ou contre quelques petits bâtiments de guerre anglais, qui, sur le bruit de l'embarquement, ne manqueraient pas de venir rôder autour et essayer d'en enlever au moins quelque chose? Arrivé à votre destination, si vous expédiez en France quelques bâtiments pour porter des nouvelles, ne serait-il pas possible d'employer à cela une frégate qui aurait ordre de mettre ses paquets à Civita-Vecchia, d'où on les expédierait par un courrier extraordinaire, et qui attendrait ensuite dans ce port que le convoi fût prêt? J'ai cru devoir vous parler de cet objet d'avance, afin que vous puissiez faire d'une pierre deux coups, si l'occasion s'en présente.

« Le dernier convoi de Rome sera très-considérable; le poids des objets sera au moins de trente mille quintaux. Parmi les effets précieux qui le composent, se trouve une belle statue de Pallas, de dix pieds de hauteur. C'est un ouvrage grec, des plus beaux temps de la sculpture, et qui a été trouvé, il y a environ six mois, dans les alentours de Velletri. La statue est en marbre grec dur; le travail en est parfait, et il n'y a pas encore eu de statue aussi bien conservée. Sa tête est aussi belle que celle de l'Apollon du Belvédère, et la draperie est un modèle de bon goût et d'exécution. Elle est, dans ce moment, dans les ateliers de l'Académie de France, où on la nettoie et où on lui fait de légères restaurations avant que de l'encaisser, afin qu'au déballer, à Paris, les amateurs puissent en jouir sur-le-champ.

« J'ai bien de l'empressement à vous rejoindre, mon cher général, et les vents qui, dans ce moment sont debout, me donneront vraisemblablement de grandes impatiences. Présentez, je vous prie, mes respects à la citoyenne Bonaparte, et comptez sur mon respectueux attachement.

« MONGE. »

Cette lettre, copiée dans celui des bureaux de la guerre, dirigé par M. Clerget, le 2 juillet 1845, par un des petits-fils de Monge, prouve dans quels termes affectueux en était le héros de la science avec le héros de la guerre. Elle en apprend plus que tous les commentaires des biographes, sur le naturel de Gaspard Monge. On y voit ce mélange de bonhomie et de grandeur, ce chaleureux amour de la civilisation et de l'art, cet ardent patriotisme qui le distinguaient; on y retrouve ce style simple, précis, qui sous une forme familière, exprimait de si sérieuses pensées et semblait avoir horreur de toute allure décidément officielle. Elle est encore un des monuments de cet inviolable attachement que Monge avait pour Bonaparte, et qui finit par devenir un véritable culte.

Monge avait cinquante-deux ans quand il partit pour l'Egypte avec Berthollet, âgé de cinquante. Les deux amis, toutefois, ne se rejoignirent que devant Malte, lorsque le premier fut reçu sur le vaisseau amiral l'*Orient*, où se trouvaient le second, le général en chef Bonaparte, Eugène Beauharnais, Berthier et plusieurs autres officiers généraux. L'expédition avait mis à la voile le 30 floréal, an VI (19 mai 1798), et avait rallié plusieurs convois, entr'autres le 3 juin, celui composant la division embarquée à Civita-Vecchia, et dont Monge et Desaix faisaient partie.

Au siége de Malte, comme plus tard à l'attaque d'Alexandrie, Gaspard Monge voulut agir en soldat et exposer sa vie aux périls de la guerre. On eut peine à contenir sa belliqueuse ardeur et à lui faire comprendre qu'une mission toute morale, toute de civilisation et de paix, lui était particulièrement réservée. Tel il s'était toujours montré à l'Ecole polytechnique, professeur indulgent et zélé, généreux, affable, désintéressé, excellent, doué d'une ame passionnée pour les choses d'art, de science, de progrès, de mœurs simples, faciles, pleines de naturel, tel il se retrouva au milieu de ses camarades et de ses frères, sur la terre africaine.

Le 3 fructidor, an VI, sous la double inspiration de Monge et de Berthollet, fut créé le fameux Institut d'Egypte. Dans la séance du 6, la présidence de cette compagnie fut donnée à Monge; le général Bonaparte fut nommé vice-président, et Fourrier appelé aux fonctions de secrétaire perpétuel. Monge était l'ame de tous les travaux scientifiques qui s'exécutaient en Egypte. On lui doit l'explication du phénomène du mirage, la recherche des anciens canaux de jonction du Nil à la mer Rouge, l'invention d'une foule de lieux célèbres dans l'antiquité la plus reculée, qu'il découvrit sur les indications des historiens grecs. Il visita les lagunes qui forment l'extrémité septentrionale de la mer Rouge, et pénétra en Asie où les sources de Moïse fixèrent son attention. Ardent ami des arts à l'égal de Vivant Denon, s'il n'allait pas comme lui, dessinant tous les monuments et les débris, il les mesurait, il les commentait, il en propageait l'intelligence et le culte. Economiste, géomètre, physicien, hydrographe, homme d'initiative et d'élan, partout il imprimait à la science une immense impulsion.

Lorsque le général en chef de l'expédition d'Egypte quitta le port d'Alexandrie pour rentrer en France, il emmena avec lui Monge et Berthollet, et reçut à son bord Parseval-

Grandmaison, Vivant Denon et Jaubert. Le départ de Bonaparte et des savants qui l'entouraient, ainsi que celui de Berthier, Andréossy, Gantheaume, Bourrienne, Lavalette, s'effectua le 5 fructidor (22 août) an VII, à dix heures du soir, et le 17 vendémiaire (9 octobre 1799), ces illustres passagers atteignaient le port de Fréjus. Monge, Berthollet, Parseval-Grandmaison, Denon et Jaubert furent les seuls membres de l'Institut d'Egypte qu'emmena le général Bonaparte. Pendant qu'ils rentraient en France, Jomard et les autres membres de la compagnie restés en Egypte, de retour des cataractes, s'asseyaient sur les ruines de Thèbes.

Gaspard Monge revit avec effusion l'Ecole polytechnique et voulut y reprendre sa chaire qu'il conserva jusqu'en 1810. — On sait la prodigieuse fortune de Bonaparte et l'incroyable rapidité avec laquelle, montant les degrés du pouvoir exécutif, il arriva à la puissance souveraine dans une fabuleuse auréole de prestige et de gloire, secondé par les évènements, par la science, par la nation. Membre des Instituts de France et d'Egypte, Monge devint comte de Péluse et sénateur; mais ces honneurs, le rang élevé qui lui fut donné dans la Légion-d'Honneur, les croix de la Couronne-de-Fer et de la Réunion qu'il reçut à la formation de ces ordres, dont l'existence fut courte, n'occupèrent jamais qu'une place restreinte dans sa pensée. Le seul titre auquel il tint, auquel il crut, qu'il prit au sérieux, dont il fut fier, ce fut celui de membre de l'Institut national. Sous le Consulat et l'Empire, il s'occupa avec son zèle accoutumé et un amour tout filial, avec le concours de Berthollet et la coopération des membres de l'Institut d'Egypte, des matériaux et de la publication du merveilleux ouvrage sur l'Egypte, dont l'impression n'a été terminée que sous la Restauration.

1814 arriva. Les Bourbons ou plutôt les courtisans qui les enveloppaient de leurs rancunes, de leur esprit d'exclusion, de leurs exorbitants efforts pour ressaisir tous les privilèges des anciennes castes effacées par la Révolution française, jugèrent Monge avec une inexorable rigueur. On ne sut point ou l'on ne voulut pas distinguer, parmi les hommes qui avaient embrassé les idées de la Révolution, ceux que le pur sentiment patriotique avait seul inspirés : on s'obstina à ne pas comprendre ce que la nationalité française tirait de lustre des travaux et de la renommée d'un savant, recommandable par son caractère autant que par ses œuvres. Ce nom et tant d'autres noms glorieux furent répudiés, et le préjugé combattu par quelques-uns l'emporta sur la justice. — C'était un parti pris de n'adopter des illustrations nationales que celles qui s'humilieraient. Et pourtant, la Charte était une œuvre conciliatrice et de transaction entre le passé et le présent.

Le vénérable créateur de la géométrie descriptive, âgé de soixante-neuf ans, fut frappé dans ce qu'il avait de plus cher, l'Institut et l'École polytechnique. La Restauration, si injustement prévenue à l'égard de Gaspard Monge, eut le triste courage et la cruauté de lui ravir ce titre de membre de l'Institut de France, le seul qu'il appréciât. Il ne pleura aucun de ses honneurs perdus; mais la mesure violente qui, en 1816, l'expulsa de son fauteuil dans cette Académie des Sciences dont il était presque le doyen, le rendit inconsolable. La persécution qui assiégeait sa vieillesse, abrégea les jours de Gaspard Monge, et, moins accablé par l'âge que par la douleur morale d'avoir vu la terre française foulée par l'étranger, la patrie abaissée, l'ingratitude et la haine conspirer contre lui, il succomba le 26 juillet 1818, dans les bras de sa famille, de ses anciens disciples, de ses camarades, des Berthollet, des Fourrier, des Lacroix, des Prony, des Bosc, des Huzard, des Cuvier, des Legendre, des Geoffroy et des Larrey. — La rigueur avec laquelle le gouvernement de la Restauration traita

Gaspard Monge vivant, s'étendit à sa mémoire. En 1825, M. de Corbière, ministre de l'intérieur, ordonna que le portrait de Monge et de plusieurs autres savants disparût de la dernière livraison du grand ouvrage sur l'Egypte, qui venait d'être présentée au roi Charles X. Quelque temps après, toutefois, M. Jomard obtint, sous un autre ministère, la permission de publier les estampes frappées d'anathème. Dans la patrie de Monge, à Beaune, on fit à son image le même outrage commis à Paris envers sa vieillesse et sa mémoire : le portrait de cet illustre Beaunois, peint par Naigeon, enfant de Beaune, fut retiré en 1814 de la bibliothèque publique de cette ville, puis remis à sa place pendant les Cent-Jours, puis banni de nouveau jusqu'à ce que la Révolution de 1830, scellât sa réintégration définitive dans le même établissement.

« C'est dans les mathématiques surtout — dit M. Brisson, dans une Notice sur Monge, publiée en 1818 — que le nom de Monge vivra pour l'honneur de la France. Jeune encore, il traçait les premières méthodes générales connues pour l'intégration des équations aux différentielles partielles ; il interprétait les équations des courbes à double courbure, et en donnait les intégrales ; il développait enfin cette théorie des surfaces qui est entièrement sa création. »

Son admirable application de l'analyse à la géométrie, ses recherches utiles aux arts et immédiatement profitables à la civilisation, à la société tout entière, témoigneront éternellement de son génie créateur, de sa féconde activité, de cette force peu commune d'intelligence que la nature avait unie en lui à la plus haute sagacité. Ce que j'ai déjà légèrement indiqué, ce qu'on croira difficilement d'un si grand mathématicien, c'est que Gaspard avait de commun avec Napoléon, une imagination brûlante et prompte comme l'éclair, un caractère fougueux, une impatience qu'il ne savait pas toujours maîtriser comme l'Empereur. Il alliait à ces éléments de sa puissante nature, une candeur naïve comme celle d'un enfant, une familiarité indulgente, une gaîté douce, une bienveillance et une modestie sans bornes, une probité antique que toute ombre d'iniquité révoltait. Il aima tendrement sa famille, au sein de laquelle il vécut heureux, et fut pour elle l'objet d'une sorte de culte.

Monge, du faîte des honneurs, n'a jamais oublié la ville de Beaune qui l'avait vu naître. Bien qu'il ne fût pas solliciteur, il songea souvent à demander que de vivifiantes institutions centralisées dans cette cité, fécondassent les ressources morales et matérielles de l'antique Minervie. Il avait imprimé à madame Monge l'élan de ses vives sympathies pour notre ville. Le collége communal de Beaune, depuis 1846, en donne le témoignage dans la fondation d'un grand prix d'honneur annuel pour le meilleur élève mathématicien.

Il fut un des fondateurs de la bibliothèque publique de Beaune, un des bienfaiteurs de son église, à l'occasion du baptême des cloches, et seconda de tous ses moyens l'intelligente administration municipale de M. Edouard.

Dès l'année 1845, les compatriotes de Gaspard Monge pensèrent à lui ériger un monument. Conformément au vœu formulé par le Conseil municipal de la ville, une souscription fut ouverte dans ce but, et une commission s'organisa pour administrer l'œuvre. On eut l'heureuse idée de choisir pour l'érection de la statue, la place d'Armes, la plus centrale de la ville, celle qui convient le mieux à la mémoire du savant qui fit forer tant de canons, celle qui représente le plus complètement la cité, d'ailleurs, puisque là était sa vieille maison-de-ville, et que là s'élève encore son pittoresque beffroi du moyen-âge. Sur cette place, symbole de la ville de Beaune, a été posée la statue de Gaspard Monge (1). — Quel monument du genre mérite plus de popularité que celui-ci, consacré à un véritable ami du peuple?

La commande de la statue fut faite à un artiste bourguignon, le statuaire Rude, né à Dijon. Dès la fin de 1847, son œuvre était prête. Les évènements politiques retardèrent l'inauguration qui fut pourtant fixée au mois d'octobre 1848, mais ajournée de nouveau à l'année 1849. En octobre 1848, le piédestal, qui a pour matière le marbre de Premeaux, s'éleva dans des conditions fâcheuses de perspective, auxquelles on a remédié en mai 1849.

Dans la nuit du mercredi au jeudi 10 du même mois, la statue de Monge a été posée sur son dé et voilée aux regards, pour n'être découverte qu'au moment de l'inauguration. La base du monument est une espèce de cippe qui n'est remarquable ni par le choix de la matière, ni par l'ornement et la composition; elle est d'une grande simplicité et peut-être un peu mesquine. Le piédestal cylindrique est, je crois dans les convenances de la statue pédestre, en général, comme le piédestal rectangulaire dans celles de la statue équestre; aussi, aurais-je préféré ici une base circulaire, avec d'autant plus de raison que l'emplacement, la forme des lieux, semblaient tout naturellement l'indiquer. Le cippe est élevé sur quatre marches circulaires. Une grille composée de douze pilastres ornés de feuilles de lierre et surmontés d'une flamme et de barreaux couronnés

---

(1) Trois emplacements se présentaient au choix de la Commission exécutive : celui de la cour de l'Hôtel-de-Ville, sorte d'impasse qui ne convenait nullement; celui de la place Saint-Pierre qui, n'ayant pas d'axe régulier et visuel par rapport aux rues qui y conduisent, ne pouvait servir au monument; elle s'est décidée pour le parti le plus sage à tous les points de vue.

d'une fleur de lotus (souvenir de l'expédition scientifique d'Egypte), entoure le monument.

Sur la face orientale du dé, on lit en caractères saillants, la simple et belle inscription :

    A . GASPARD . MONGE
      SES . ELEVES
    ET . SES . CONCITOYENS
     M . D . CCC . XLIX

La face occidentale présente la légende gravée :

    GASPARD . MONGE
     NE . A . BEAVNE
      LE . X . MAI
     M . D . CC . XLVI
 MORT . A . PARIS . LE . XXVI . IVILLET
     M . D . CCC . XVIII
    FONTE . DES . CANONS
     M . D . CC . XCIII
    ECOLE . POLYTECHNIQVE
     M . D . CC . XCIV

M. Rude a exprimé le désir que, dans les quatre patères qui décorent le cippe de la statue, on inscrivît les légendes :

  GEOMETRIE · DESCRIPTIVE
  GEOMETRIE · ANALYTIQVE
   ECOLE · POLYTECHNIQVE
   INSTITVT · D'EGYPTE

Toutes ces inscriptions, à l'exception de la première, ont été rédigées par M. Th. Foisset. Celle de la face orientale a été proposée par M. Videau, adoptée par la Commission et approuvée par l'Académie nationale des Inscriptions et Belles-Lettres. Deux bas-reliefs devaient primitivement orner les zones septentrionale et méridionale du dé : si on a reculé aujourd'hui devant la dépense qu'ils entraînaient, espérons qu'un jour on reviendra à cette heureuse idée. — Deux mots à présent de l'œuvre de M. Rude.

La statue de Gaspard Monge a environ 2 mèt. 65 cent. de proportion. L'illustre Beaunois, âgé de quarante-huit à cinquante ans, costumé à la mode du dernier siècle, est représenté en professeur, donnant une leçon de géométrie descriptive. Il est appuyé sur un cippe; un manteau est jeté à demi sur son épaule gauche. Mieux eût valu, peut-être, figurer Monge en créateur d'une science nouvelle, en homme d'initiative et d'inspiration. M. Rude a compté, comme à Fixin, sur sa verve et son intelligence, pour ennoblir ce que cette position qui, toutefois, n'est pas vulgaire, offre de stérile. L'exécution est en tous points digne du célèbre statuaire bourguignon ; l'expression de la figure offre une grande beauté : toute l'idée créatrice de l'artiste se manifeste dans la main droite et surtout dans la main gauche. Diverses opinions sur ce monument ont été exprimées par les journaux, lorsqu'il fut exposé à Paris : parmi les feuilles qui s'en sont occupées, je citerai *le National*. — Je dirai ici mon opinion tout entière. A mon sens, on ne devrait représenter debout, par la statuaire, que les hommes d'action. La position assise convient mieux aux hommes de science. — Voyez quel triste effet produit, à Lyon, la statue pédestre de Jacquard, œuvre et écueil d'un grand artiste.

La Commission exécutive de la statue de Monge, composée d'honorables citoyens, a fait preuve de beaucoup de zèle et d'activité. Les ordonnateurs, l'architecte, M. Louis Seguin, l'entrepreneur, M. Vautheleret, ont rivalisé de soins. Je crois devoir consacrer les noms des citoyens membres de la Commission : elle était formée, au moment de l'inauguration, de MM. le maire de la ville de Beaune, *président*, Michaud-Moreil; —Vauchey-Verry, *vice-président;* — A. Vergnette de Lamothe, *secrétaire;* — Foisset, *vice-secrétaire;* — Guiod, notaire, *trésorier;* — Bailly, — Bouchard-Dechaux, — Boullenot, — Frignet, — Molin aîné, — Routy de Charodon, — Videau, — Voillot-Sausset, — Voillot, D.-M., —Seguin, architecte. L'organisation de cette Commission remonte au mois de mai 1845. Le premier acte public qui révèle son existence, date du 2 août de la même année. (Voir la lettre du maire, insérée dans le N° 48 de *la Revue de la Côte-d'Or*). On peut et on doit lui rendre cette justice, c'est qu'elle a accompli avec succès le vœu du Conseil municipal qui lui avait confié le soin de veiller à l'exécution de son noble projet.

La statue de Gaspard Monge est inaugurée aujourd'hui dimanche 2 septembre 1849, avec toute la pompe et la solennité convenable, étant maire de la ville de Beaune,

M. Henry Welter, propriétaire;

Adjoint, M. Pierre-Victor Affre, médecin;

Conseillers municipaux,

MM. François Molin, avocat; — Louis-Jean André, vétérinaire; — Alfred de Vergnette Lamothe, propriétaire; — Victor Poupon, huissier; — Alexis Chanson, négociant; — Pierre Pignolet-Sordet; — Jean-Baptiste-Réné Bard, serrurier; — Antoine Grillet, tonnelier; — Louis-Anatole Leclerc de Juigné; — Charles Bouzerand, notaire; — Adrien Mignotte, huissier; — Hippolyte André, clerc de notaire; — Philippe-Auguste Lacaille; — Jacques Coppens; — Jean Reuchin-Michelot; — Emiland Seguin-

Charbonnier, plâtrier ; — François Bilié-Girard, négociant; — Armand-Andoche Guiod-Gouffé, notaire ; — Julien Domino-Limonet, compositeur d'imprimerie ; — Joseph Villiard, propriétaire ; — Remy Bailly, rentier ; — Pierre Flasselier, cafetier ; — Claude Charleux-Massias, marchand.

Beaune, imp. Blondeau-Dejussieu.

www.ingramcontent.com/pod-product-compliance
Lightning Source LLC
Chambersburg PA
CBHW070449080426
42451CB00025B/2087